Geschichtliche Notizen

über

das Geschlecht der Kernen.

Zusammengetragen

von

Abraham Jakob Kernen von Reutigen,

und

gedruckt

von

Eduard Kernen von Reutigen.

Einzig für die Glieder des Geschlechts bestimmt.

Bern. 1869.

§ 1.

Alter und Herkunft des Geschlechtes.

Das Geschlecht der Kernen im Berner-Oberlande ist so alt, als überhaupt die urkundlichen Nachrichten aus diesem Landestheile reichen. Man darf annehmen, daß es entweder zu den Ureinwohnern, den alten Helvetiern, oder zu einem der germanischen Völkerstämme gehört, welche im vierten und fünften Jahrhundert Helvetien überschwemmten und es bleibend in Besitz nahmen. Nach dem Körperbau zu schließen, wird es wohl germanischer Abstammung, und wenn eine Hypothese erlaubt wäre, so dürfte es mit den Gothen eingewandert sein. Alle ältern Chronikschreiber nehmen an, daß die Bewohner der Gegenden um Niesen und Stockhorn herum von den Gothen abstammen, und auch unser Geschichtschreiber, Johannes Müller, theilt diese Ansicht. Nach einer frühern Sage sollen am Berge über dem Dorfe Reutigen Häuser gestanden sein, die von Gothen bewohnt gewesen, und diese sollen sich später im Dorfe angesiedelt haben. [1])

---

[1]) Johann v. Müller's Brief an Karl Viktor v. Bonstetten vom 6. Mai 1778. (Müller's Werke Band 34, Seite 291. Ausgabe von Stuttgart 1836.) Der „Kernen", den v. Bonstetten darüber befragen sollte, war mein Großvater Abraham K., geb. 1749, gest. 1814.

Auffallend ist, daß auf Schonen in Schweden, von wo nach Jornandes die Gothen wegen einer Hungersnoth auszogen, ein uralter Thurm steht, der den Namen „Kernen" trägt[1] und eben so auffallend, daß im ursprünglichen Vaterlande der Gothen, in Schweden, neben vielen andern siebenthalischen Geschlechtern, auch das der Kernen noch blühen soll. [2]

§ 2.
Aelteste Wohnsitze des Geschlechtes.

Vom Augenblicke an, da das Geschlecht aus dem Dunkel früherer Jahrhunderte urkundlich hervortritt, finden wir es am Fuße des Niesen und des Stockhorngebirges angesiedelt, in Diemtigen, Erlenbach, Wimmis, Spiez, Reutigen, Amsoldingen, Thierachern. Ein Zweig des Geschlechtes muß sich schon früh, wahrscheinlich um die Mitte des 13. Jahrhunderts, in der damals als freies Gemeinwesen blühenden Stadt Bern niedergelassen und dort eingebürgert haben, dann aber gegen die Mitte des 15. Jahrhunderts wieder erloschen sein. [3]

§ 3.
Schreibung des Geschlechtsnamens.

Der Geschlechtsnamen ist uralt und unsere Voreltern trugen denselben, als manches andere, später zu hohem

---

[1] Kohl, Reisen in Dänemark, Schleswig und Holstein, II. Bd.

[2] Henne, Festgabe zum Bundesfest in Bern, vom Jahr 1853. Seite 18 unten.

[3] Jahrzeitbuch des St. Vincenzen-Münsters in Bern.

Ansehen gelangte Geschlecht noch keinen bestimmten Ge=
schlechtsnamen hatte, sondern sich bald nach dem Ort der
Herkunft oder der Anfäßigmachung, bald nach andern
Zufälligkeiten benannte. Es ist nicht unwahrscheinlich,
daß die Vorfahren ihn mit in's Land brachten.

Wie viele andere Geschlechtsnamen wurde auch der
der Kernen nicht durchweg gleichmäßig geschrieben, oft
nicht einmal in einer und derselben Urkunde. Bald erscheint
er als Kherno, bald als Kerno, bald als Kernen, bald
als Chernen. Bei dem weiblichen Theile des Geschlechtes
wurde eine weibliche Endung angehängt, und dann hieß
die Eine Chernina, die andere Kernina.

§ 4.

Persönliche Freiheit der Kernen.

Unser Geschlecht besaß von jeher ein Gut, welches
im Mittelalter von unschätzbarem Werthe war. Jedes
Glied des Geschlechts hatte den Stand der persönlichen
Freiheit und war nie mit der Makel der Leibeigen=
schaft behaftet. Im Saanenland, im obern und im
niedern Siebenthal gab es eine Anzahl solcher freier
Geschlechter. Neben den Kernen gehörten dazu die Hutzli,
Leenherr, Lörtscher, Flogerzi, Karlen, Mösching, Bütschi,
Stalder, Abbühl, Thürler, Herren, Wyß, Schneider,
Müller, Strün u. a. m. [1])

Man hieß diese persönlich freien Geschlechter hier,
wie im Kanton Schwyz, freie Landleute, oder im

---

[1]) Schweizerischer Geschichtforscher, Band I, Seite 69 und 70.

Mönchslatein des Mittelalters liberi rustici und unterschieb sie genau von den verschiedenen Klassen der Hörigen.

Gewöhnlich saßen diese freien Geschlechter auf ihren **eigenen, freien Gütern** oder bauten **freie Mannlehen** (nicht mit Zinsen behaftete Lehen), die sie von einem größern Grundbesitzer gegen die Leistung von **Huld** und **Treue** — worin auch eine beschränkte Kriegsfolge begriffen war — empfangen hatten. Bisweilen hatten sie auch Güter in gewöhnlicher, bäuerlicher **Erbpacht**, von denen sie Zinsen entweder in landwirthschaftlichen Erzeugnissen, wie Korn, Haber, Molken u. s. w. oder aber in Geld entrichteten.

Saßen sie auf **eigenen, freien** Gütern, so hatten sie dem Twingherrn, in dessen **gerichtsherrlichen Schutz** sie sich begeben hatten, hiefür eine geringe jährliche Abgabe von einigen Pfenningen zu entrichten, welche vor dem 16. Jahrhundert unter dem Namen „Vogteisteuer", später aber unter demjenigen der „Herrschaftssteuer" bekannt war. Diese Abgabe kommt in zwei Urkunden vor, welche Glieder unseres Geschlechtes als Besitzer **eigenen, freien Landes** bezahlten. Da der gerichtsherrliche Schutz sich auch auf das **eigene, freie Grundeigenthum** eines solchen freien Mannes ausdehnte, so hieß man solches Land „vogthörig". Es ist aber unter dieser Hörigkeit nichts anderes und mehreres zu verstehen, als daß das betreffende Landstück der **Gerichtsherrlichkeit** eines Twingherren unterworfen war, so daß wenn darüber Streit entstand, das Gericht des Twingherrn zu urtheilen hatte. Die Hörigkeit bezeichnet nur die **Gerichtszuständigkeit,**

und man würde sehr irren, wenn man aus diesem Worte
schließen wollte, der Twingherr habe irgend einen An=
theil an den Eigenthumsrechten über solches Land
gehabt oder sei gar ausschließlicher Eigenthümer davon
gewesen.

§ 5.

Die Kernen im Jahrzeitbuche von Bern.

Die alleraltesten urkundlichen Nachrichten über
unser Geschlecht enthält das Jahrzeitbuch des St. Vin-
cenzen=Stiftes von Bern. Zufolge dieses Jahrzeitbuches
haben folgende Personen aus unserm Geschlechte Vergabungen an die Leutkilche von Bern — das nachherige
St. Vincenzen=Münster — gemacht:

1. Ulrich Kerno und Jta seine Ehewirthin jährlich
   ein Pfund Wachs;
2. Heinrich Kerno;
3. Heinrich Kerne und Jta seine Wirthin;
4. Adelheid Kernina;
5. Heinrich Kerno und Jta seine Wirthin;

Worin die Vergabungen unter den Ziffern 2, 3, 4
und 5 bestanden haben, ist nicht gesagt.

Auch bleibt ungewiß, ob die unter den Ziffern 2,
3, 4 und 5 vorkommenden „Heinrich" eine und dieselbe
Person sind oder mehrere Personen bezeichnen sollen.
Wahrscheinlich werden wenigstens die unter Ziffer 3 und 5
genannten „Heinrich" sich auf einen und denselben Mann
beziehen, weil an beiden Orten „Jta" als seine Ehewirthin
erscheint.

Die Kerno oder Kerne oder wenigstens ein Zweig
derselben sollen in Bern verburgert gewesen sein. Ob sie
daselbst wohnten, oder aber als Ausburger, d. h. als
außerhalb des Stadtbezirkes wohnende Burger, mit dem
Gemeinwesen verbunden waren, wird kaum mehr mit
Sicherheit auszumitteln sein. Möglicher Weise würde das
ältere Udelbuch der Stadt Bern hierüber Aufschluß geben;
ich habe es aber nur höchst flüchtig durchsehen können
und nichts entdeckt, das darauf Bezug hätte.

In jedem Falle muß entweder das Geschlecht das
Burgerrecht wieder aufgegeben oder wenn nur ein Zweig
des Geschlechtes verburgert war, dieser schon früh in der
zweiten Hälfte des 14. oder in der ersten Hälfte des 15.
Jahrhunderts wahrscheinlich mit „Heinrich" und „Jta"
seiner Wirthin erloschen sein.

§ 6.

Die Kernen als freie Grundeigenthümer.

I. Die älteste Urkunde, welche die Kernen als freie
Landeigenthümer anführt, ist ein Kaufbrief vom 23. August
1370, infolge welches Anthonius Senn, Edelknecht, und
Jmerla von Uetendorf, seine Ehefrau dem Johannes von
Zeiningen, Burger von Thun, die Herrschaft Uetendorf
um 2809 Pfund Pfenninge verkaufen. Hier erscheinen
die „Kernen von Wildenrütti" als Besitzer eines größern
Gutes, das wahrscheinlich zu Wildenrütti selbst gelegen
war und von dem sie der Herrschaft Uetendorf eine
„Vogtei=Steuer" von 16 Schillingen entrichteten.

In dieser Urkunde ist das, was als Eigen (Eigenthum) zu dem Twing gehört, streng von dem geschieden, was bloß „vogthörig" ist, d. h. von dem, was im Besitz freier Landleute war, diesen als Eigen gehörte und von dem sie als Anerkennung der Gerichtsherrlichkeit — nicht zu verwechseln mit der Grundherrlichkeit — die „Vogtei-Steuer" oder wie sie später hieß, die „Herrschaftssteuer" entrichteten.

II. Nach einer Urkunde vom 2. Juni 1517, auf die wir später zurückkommen werden, hat damals ein Kaspar Kernen auf dem Berge bei Uetendorf ein „vogthöriges" Gut besessen, von dem er dem Seilerin-Spital in Bern, als Inhaber der Herrschaft Im Berg jährlich ein Huhn als „Vogteisteuer" entrichtete.

III. Ein Bernhard Kernen hatte vor 1522 als freies Eigen besessen:

a. Im Bezirke der sog. Freiherrschaft von Spiez ein Gut, genannt Schüpfen, oberhalb Faulensee, das auf der untern Seite an den Thunersee grenzte.

b. In dem Gerichtsbezirke von Krattigen eine Weide, Blasen geheißen.

Vom Gute wurde die „Herrschaftssteuer" und von der Weide etwas Schillingsteuer entrichtet.

Bernhard Kernen verkaufte diese Liegenschaften an Ludwig v. Erlach, Herrschaftsherrn von Spiez, um 1500 Pfund; Parteien unterließen aber darüber sogleich eine Urkunde aufzurichten.

Unterdessen nahm Bernhard Kernen mit vielen tausend andern Bernern an einem der Kriegszüge — wahrscheinlich dem von 1522 — Theil, welche die Eidgenossen nach der Lombardie unternahmen, kehrte krank von dort zurück und starb bald nach der Heimkehr.

In dieser Zeit war auch der Herrschaftsherr Ludwig v. Erlach mit Tod abgegangen.

Im Jahr 1526 wurde nun endlich der Kauf gehörig in Schrift verfaßt. Es verhandelten dabei auf verkäuferischer Seite Catharina Kernina, Bernhards Wittwe, mit ihren Söhnen Alexander, Ulrich und Hans Kernen, unter vögtlicher Beistandschaft des ehrsamen Michel Rotten von Spiez, und von käuferischer Seite Hans v. Erlach, Schultheiß zu Bern und Herr zu Spiez, als Erbe des Herrn Ludwig v. Erlach.

Diese Urkunde ist deßhalb sehr interessant, weil der H e r r s c h a f t s h e r r selbst anerkennt, daß das in s e i n e m Herrschaftsbezirke gelegene Gut Schüpfen f r e i e s E i g e n des Bernhard Kernen gewesen sei, womit die Anmaßung späterer Herrschaftsherren und ihrer Diener umgestoßen wird, als wäre a l l e s Land innerhalb ihres Twingbezirkes von je Welten her i h r Eigenthum gewesen und als hätten sie von diesem ihrem Eigenthume einzelne Parcellen an einzelne Personen lediglich **erblehensweise** verliehen.[1]

§ 7.

Die Kernen als Besitzer „freier" Mannlehen.

Von den schon früh vereinigten Herrschaften Strättligen und Spiez hatten einzelne Glieder des Geschlechtes

---

[1] Das Gut „Schüpfen" bei Faulensee existirt heute noch. Längere Zeit war es Eigenthum eines Herrn Lanzenrein von Thun. Erst in jüngster Zeit ist es um Fr. 54,000 an zwei Brüder Tschanen übergegangen. Die Weide „Blasen" ist längst davon veräußert worden.

verschiedene Liegenschaften in den Gemeinden Erlenbach, Reutigen, Thierachern und Thun zu „freien Mannlehen", wie sich dieß aus folgenden Urkunden ergibt, die ich in der Urschrift gesehen habe:

1. Wiberbrief vom 19. Oktober 1483.

Hensli Kernen zu Albeldingen am Feld gelegen in der Parochie Scherzligen in der Herrschaft Stretlingen empfängt zu einem „fryen Mannlehen" von dem edlen strengen Herrn Adrian von Bubenberg, Ritter, Herr zu Spietz, [1] zwei Blätzli sind eine Jucharten zu Albeldingen in der Gampelen und an der Herren von Amsaltingen Gut gelegen.

Besiegler: Pitt Schwarz, Schultheiß zu Spietz.
Datum: Suntag nach Galli 1483.

2. Wiberbrief vom 28. August 1489.

Hensli Kerno zu Albeldingen empfängt von Adrian von Bubenberg, Herrn zu Spietz, zu einem „freien Mannlehen": 1. Vier Mannsmaad zu Albeldingen in der Klostermatten gelegen, stoßen an die Allment und Ulli Schmid; 2. zwei Blätzli in der Gampelen gelegen, stoßen an Peter Jans seligen Gut.

Zeugen: Heinzmann Schiko Weibel am Feld, Clewi von Ast und Peter Phati u. a. m.
Besiegler: Hans Bissing, Schultheiß zu Spietz.
Datum: Suntag vor Bartlome 1489.

[1] Dem tapfern Bertheidiger von Murten gegen Karl den Kühnen.

3. Wiberbrief vom 14. Mai 1507.

Peter Kernen in der Bäuert Ringoltingen empfängt von Ludwig von Dießbach, Ritter, Herr zu Spietz zu einem rechten „freien" Mannlehen: 1) eine halbe Hofstatt unter Antoni Müllers Haus, stoßt an die Landstraß; 2) das Vormorgendli stoßt inwärts an Hans Hermans Vormorgendli und auswärts an die Rossi — beides in der Parochie Erlenbach.

Besiegler: Niklaus Lenherr, Venner zu Niedersimmen-
thal.

Datum: Freitag nächst der Auffahrt 1507.

4. Wiberbrief vom 2. Juni 1512.

Paul Kernen von Allmeldingen empfängt von Ludwig von Dießbach, Ritter, Herr zu Spietz, 1) zwei Bletzli, sind bei einer Jucharten zu Almendingen in der Gampelen gelegen, stossen an der Herren Gut von Anseltingen; 2) denne ein Bletzli in der Gampelen gelegen, stoße an Peter Jans seligen Güter; 3) vier Mannsmaad in der Klostermatten gelegen auch zu Almendingen.

Besiegler: Heinzmann Heinrich, Schultheiß zu Spietz.

Datum: uff den andern Tag Brachod 1512.

5. Wiberbrief vom 17. Jenner 1521.

Paul Kernen sässhaft zu Almendingen empfängt von Ludwig von Erlach, des Raths zu Bern, Herrn zu Spietz, zu rechtem Mannlehen: 1) zwei Bletzli Land und Erd-
reich, sind bei einer Jucharten, in der Gappelen zu Almendingen gelegen an der Herren Gut von Anseltingen; 2) denne ein Bletzli in der Gampelen gelegen, stoße an

Peter Janß seligen Güter; 3) vier Mannsmaad in der Klostermatten gelegen auch zu Allmendingen.

Besiegler: Der fromme wyse Alexander Großmann, Venner und des Raths zu Thun.

Datum: St. Antonitag 1521.

6. Widerbrief vom 17. Jenner 1521.

Peter Kernen, Schuhmacher, Landtmann zu Nieder-Sibental, säßhaftig zu Ringoltingen, empfängt von Ludwig von Erlach, des Raths zu Bern und Herrn zu Spietz, zu einem „rechten freien Mannlehen": 1) eine Hofstatt unter Antoni Müllers Haus stoßt oben nieder an die Landstraß 2) denne das Vormorgenbli, stoßt innerhalb an Hans Hermans Vormorgenbli und unten uff an die Rossy.

Besiegler: Der fromme wyse Niklaus Lenherr, alt Venner zu Niedersibental.

Datum: St. Antoni des heiligen Apostel Tag 1521.

7. Widerbrief vom 15. Oktober 1528.

Peter Kernen, der Schuhmacher (ohne Wohnorts-Angabe) empfängt von Hans von Erlach, Schultheiß zu Bern, Herrn zu Spietz, zu einem „freien Mannlehen": 1) eine Hofstatt unter Antoni Müllers Haus, stoßt oben nieder an die Straß; 2) ein Stüklein Land so man nennt das Vormorgenbli, stoßt inthalb an Hans Hermanns Vormorgend und unten uff an die Rossy.

Besiegler: Der ehrsamme, fromme wyse Niklaus Lenherr, Venner zu Nidersibental.

Datum: uff St. Gallen-Abend 1528.

8. Widerbrief vom 8. Oktober 1538.

Peter Kernen, seßhaftig zu Röutigen, empfängt von Hans von Erlach, alt Schultheiß zu Bern und Herrn zu Spiez, zu einem „rechten freien Mannlehen": zwölfthalber Kuh Berg an Inderstoken mit aller Rechtsami und Zugehörd.

Besiegler: Der ehrsame wyse Heinrich Flogerzin, der Zit des Landes Venner.
Datum: 8. October 1538.

9. Widerbrief vom 19. Mai 1539.

Diebold Kernen, seßhaftig zu Uttendorf empfängt von Johannes von Erlach, Schultheiß der Stadt Bern, Herrn zu Spiez zu einem „rechten freien Mannlehen": vier Stieren Bergrechte am Mechlistall (so er von Ruff Spanin erkauft hat, kommend die zwei Stier von Schwendimann selig und die andern zwei Stier von dem jungen Schoren.

Besiegler: Der fürneme, wyse, Hans Rudolf von Graffenriedt, Venner und des Raths der Stadt Bern.
Datum: 19. Tag Maiens 1539.

10. Widerbrief vom 21. Merz 1540.

Diebold Kernen seßhaft zu Thierachern empfängt von Hans Rudolf von Erlach, des Raths zu Bern, Herrn zu Spiez, zu einem rechten freien Mannlehen: vier Stieren Berg an Mächlistal in der Kilchhöri Dümbigen in Niderstbental.

Besiegler: Hans Rudolf von Graffenried, Venner und
des Raths der Stadt Bern.
Datum: 21. Tag Merz 1540.

11. Wiberbrief vom 18. April 1540.

Peter Kerno seßhaftig zu Röutigen empfängt von
Hans Rudolf von Erlach, des Raths zu Bern, Herrn zu
Spieß, zu einem rechten freien Mannlehen: Einliffhalb
Khühen Berg an Inderstoken.
Besiegler: Der ehrsame, wyse Heinrich Flogertzi Landes-
Venner.
Datum: 18. April 1540.

12. Wiberbrief vom 20. April 1540.

Paulin Kernen seßhaftig in der Kilchhöri Thun
empfängt von Hans Rudolf von Erlach, des Raths von
Bern, Herrn zu Spieß, zu einem rechten freien Mannlehen: 1) zwei Bletzli Land in der Gamplern in der
Zuben-Zelg zu Allmendingen, unter Herren Gut von
Ansoltingen, sind bei einer Jucharten, stoßen einthalb an
Heini von Gunthen, ander Siten an Kaspar Senno,
obenfür an Hans Jänß; 2) ein Bletzli Erdrich, daselbst
gelegen, stoßt an Peter Jaun's Güter und lit vor zu
Zuregg und zu einer Siten an Thoman Schniders; 3)
vier Mannsmaab in der Klostermatten, liegen einer Siten
an anderm seinem eignen Gut, oben zu an die Luß-
gassen, nitzig an die Behweid.
Besiegler: Lienhard Brenzigkhofer, Burger zu Bern,
der Zit Schultheiß zu Thun.
Datum: 20. April 1540.

Zu § 7.

Erläuternde Bemerkungen über „freie" Mannlehen:

1. Nur freie Männer konnten „freie" Mannlehen erwerben und besitzen; die Leibeigenen waren davon ausgeschlossen.

2. „Freie" Mannlehen sind von Erbzinslehen wohl zu unterscheiden. Der freie Mann, der „freie" Mannlehen besaß, hatte davon keinerlei Zins zu entrichten, sondern war dem Lehenherrn nur zu Huld und Treue sowie hinwieder der letztere dem erstern zu Schutz verbunden. Vermöge der Treue mußte der Mannlehenmann die Fehden des Lehenherrn ausfechten helfen.

3. Zur Zeit des Faustrechtes traten viele freie Landleute ihre eigenen Güter einem mächtigern Manne — z. B. einem Twingherrn — zum Eigenthum ab und empfingen sie von ihm wieder als Mannlehen zurück, nur damit sie bei ihm Schutz finden. Solche Mannlehen hieß man aufgetragene (oblata), zum Unterschied von denen, welche der Lehenherr von seinem Eigen zu Lehen gab. Ob und welche von den obigen Mannlehen gegebene oder aufgetragene sind, erhellet aus den Lehenbriefen nicht und wird kaum mehr auszumitteln sein, da die ersten Lehenbriefe schwerlich mehr vorhanden sind.

§ 8.

Kernen als Besitzer einer „Herrschaft".

In unserm Bernerlande gab es zu Anfang des 16. Jahrhunderts eine Twing=Herrschaft, welche, wohl die kleinste unter den kleinen, aus nur fünf Bauernhöfen bestand. Der Twingherr besaß nicht die geringste Scholle Landes zu Eigen, nicht Burgstall, nicht einmal ein Haus. Was ihm gehörte war weiter nichts als die Gerichts=herrlichkeit, mit einem Einkommen von siebenzehn Schillingen und vier Hühnern, welche ihm die Gerichts=angehörigen jährlich zu entrichten hatten.

Es ist wahrscheinlich, daß diese Herrschaft in frühern Jahrhunderten einem Geschlechte, das den Namen „Ab Berg" trug und in Bern verburgert war, angehörte. Peter Ab Berg, der zu Ende des 13. und zu Anfang des 14. Jahrhunderts gelebt haben mag, soll der letzte männliche Sprößling des Geschlechtes gewesen sein. Er hinterließ zwei Töchter, Frau Ita von Möriswyl und Frau Anna Seilerin, die im Jahre 1354 den nach ihr benannten Spital, den heutigen Insel=Spital, gründete. Unter den Gegenständen, mit denen sie den Spital aus=stattete, muß sich auch die Herrschaft „im Berg" befunden haben.

Am 2. Juni 1517 verkaufte nun der Spithal mit Einwilligung von Schultheiß und Rath zu Bern dem Kaspar Kernen von Uetendorf das genannte „Gericht uff dem Berg" mit allen nutzbaren Rechten um den Kauf=preis von vierzig Pfunden Bernwährung, die sogleich bezahlt wurden.

Im Kaufbrief, welcher noch in Original vorhanden ist und im Archiv der Stadt Thun liegt, waren die fünf Güter, welche das Areal des Gerichtes bildeten, im Besitz folgender Personen:

1. Paul in der Rütti.

2

2. Clevi Schlatter.
3. Thöni von Freiburg, welcher das Sterrengut baut.
4. Heini Treyer.
5. Kaspar Kernen, der Käufer.

Paul in der Rütti entrichtete die siebenzehn Schillinge, die folgenden vier gaben jeder ein Huhn jährlich an den Gerichtsherrn.

Von Kaspar Kernen ging die Herrschaft erbsweise auf seinen Tochtermann Christian Bähler zu Wattenwyl über. In welchem Zeitpunkte diese Handänderung stattgefunden hat, weiß man nicht. Es muß zwischen 1517 und 1540 geschehen sein.

Am 10. März 1540 findet nun eine sonderbare Machenschaft statt. Der genannte Christian Bähler schenkt die Herrschaft dem Niklaus Kernen uff dem Berg nebst seinem eigenen Gut daselbst; Niklaus Kernen dagegen schenkt dem Christian Bähler fünfzig Pfund Bernwährung und ein Rind, gewerthet um zwey Kronen. Warum das Geschäft in eine Schenkung eingekleidet worden, ist räthselhaft.

In diesem Kaufbriefe erscheinen nun sechs Güter: 1) des Christian Bähler; 2) des Niklaus Kernen; 3) Treyers; 4) des Rudolf Hofstetter; 5) des Peter Kipfer; 6) des Mathys vor dem Holz.

Wie lange die Herrschaft im Besitze der Kernen geblieben, ist unbekannt. Die Stadt Thun erwarb die Herrschaft Uetendorf und muß dann auch die Herrschaft im Berg in ihre Hand gebracht und aus beiden eine einzige Herrschaft gemacht haben, die bis zum Jahre 1798 im Besitze von Thun blieb.

§ 9.

Kernen in Diemtigen.

Nach dem Aussterben der Freiherren von Weißenburg kamen ihre Rechte erbsweise an die von Brandis. Zu Ende des Jahres 1398 huldigten vier Ausgeschossene aus Wimmis, acht aus Diemtigen und vier aus Oyen, Namens dieser Ortschaften ihren neuen Herren, die ihnen dagegen versprachen, sie bei ihren Rechten, Freiheiten und Gebräuchen zu schützen und zu schirmen, auch in Ansehung der Steuer bei den zwischen ihnen und ihren vorigen Herren aufgerichteten Verkommnissen zu verbleiben. Die huldigenden Sibentaler waren · 1) von Wimmis: Thomi Posso, Weiß Heini, Johann Lörtscher und Johann Schwarz; 2) von Diemtigen: Heini von Wartsluh, Peter Schaffrat, Ruf zum Sewe, Johann Kerno, Johann Grischi, Peter Imbach, Johann Wyßo und Wali an Schlunegg; 3) von Oyen: Ulrich zen Hofstetten, Johannes Geburen, Heinrich Herren und Klaus Frisching.

Die jährliche Steuer von Diemtigen war in einem Vertrage von 1397 auf einhundert dreißig Pfund Pfenninge festgesetzt worden.

Urkunden von Martini und Nikolai 1398 im Urkundenbuch von Nider-Sibental im Staatsarchiv und Schweizerischer Geschichtforscher Band III, Seite 95.

§ 10.

Schluß.

Diese geschichtlichen Notizen gehen bis auf die Zeiten der Reformation herab.

Da die Tauf=, Sterbe= und Heiraths=Rödel von der Reformation an in den meisten Kirchgemeinden vorhanden sind, so wird es nicht schwierig sein, die Geschlechtsfolge in den pfarramtlichen Büchern von Thierachern, Amsoldingen, Thun, Reutigen, Spiez, Wimmis, Diemtigen und Erlenbach ausfindig zu machen.

Der erste des Geschlechtes, welcher, nach dem Vorhergehenden, als in Reutigen angesessen angeführt wird — 1538 und 1540 — ist ein Peter Kernen. Ob dieser der Stammvater der zahlreichen Kernen von dieser Ortschaft ist, darüber geben ohne Zweifel die Pfarrbücher von Reutigen Auskunft. Wegen bedeutender Entfernung von diesem Orte habe ich nicht Gelegenheit gehabt, diese Bücher einzusehen und zu durchgehen.

Anhang.

Urkunden.

1) Kaufbrief vom 2. Juni 1517 (in vollständiger Abschrift).
2) Widerbrief vom 8. Oktober 1538 (ebenfalls in vollständiger Abschrift).
3) Urkunde vom 10. März 1540 (in vollständiger Abschrift).

I.

Caspar Kernen kauft um 40 Bernpfund von dem Seilerin-Spital zu Bern das Gericht auf dem Berg in der Kirchhöre Amsoldingen nebst Ehehaften, Rechtsamen und Zugehör, 17 Schill. Zins und 4 Hühnern jährlich. (Das Original im burgerl. Stadtarchiv Thun, 26 Zeilen.)

1517, 2. Juni. Wir Hans Krouchtaller des Rats vnnd Hans Vögeli, burger zu Bernn, als vogt und meister der Seillerin Spittal daffelbs, zu Bernn. Tund kundt mit diferm brieff, das wir wüffend vnnd wolbedacht, mit deheinenn gefärbenn hindergangenn, mit gunst vnnd verwilligung, Herren Schulthefen vnnd Rätt der Statt Bernn, vnnfer gnädigenn Herrenn, In Eins Stättenn veftenn, ewigen vnnd vnwiderrüfflichenn kouffs, verkoufft, vnnd zukauffenn gebenn habenn, gebenn ouch hiemit wüffentlich vnnd In krafft diß brieffs zukouffenn, In der aller beftenn form, wyß vnnd geftalt, damit ein Söllicher kouff aller krefftigoft fin fol, vnnd befchächenn mag, dem erbern, Casparn Kernenn von Vetten-dorff, allen Sinen erben, vnnd nachkomenn, mit Namenn das Gericht vff dem berg, In der kilchhore An-foltingenn, vnnd was dann derfelb Spittal byßhar vff Söllichem Berg an dem Selbenn gericht gehept hat, vnnd darzu Sibentzächenn Schilling Zins, Sind dem Spit-tal vogthörig gefin, vnnd hat die byßhar gäbenn, Pauli In der Rüti, Item denne vier Hüner, dero hat byßhar Clewy Schlatter Eins, vnnd Thömi von Friburg von Sterren gutt das ander, das dritt Heini Treyer, vnnd das vierd der vermelt köuffer gebenn, wie dann

Sölliche gericht der vermelt Spittal, mit sampt dem
Pfennig Zins vnnd ben Hünernn byßhar Jnngeheyt vnnd
genoffen hat, nützit vßgenomenn noch vorbehaltenn, Vnnd
ift baruff bifer kouff gebenn vnnd befchächenn vmb v i e r z i g
P f u n d ber müntz vnnb wärfchaft zu Berun löuffig, bero
wir von bem genamptenn köuffer gäntzlichenn gewärt vnnd
bezalt find, Sagen auch barumb Jnn vnnb fin erbenn,
Quitt ledig vnnb loß Jukraft diß brieffs, vnnb vff bas
fo entzichenn vnnb entwerenn wir vnns, Jn Namenn bes
vermeltenn Spittals, bes obbemeltenn verkoufftenn gericht,
mit fampt bem Pfennig Hüner vnnb eyer, wie obftat, mit
aller Gehafftige, Rechtfame vnnb Zugehörb, vnnd bewä-
renn Dero ben köuffer vnnb fin erbenn, für fry libig
eygen, Söllichs nun hinfür Jnnzuhabenn, zu nutzenn,
vnnb zu nieffenn, zu befetzen vnnb zu entfetzenn, vnnb
barinn, vnnb mit als annberm Jrem eygenn gutt, bann
wir bem genamptenn Spittal, vnnb Sinenn nachkomenn,
baran noch zu, Deheim wyter teil gemein, vorbrung an-
fprach vnnb gerächtigkeit, nit vorbehaltenn, Sunder bas
alles, hiemit zuhandenn bes vilgemeltenn köuffers vber-
gäbenn wöllen haben, Gelobenn vnnb verfprächen auch
by vnnfern guttenn trüwenn, Jnnamen bes vermelten
Spittals, föllichs kouffs, vnnb bas ber beftand habe,
vnnb Sölliche obangezöugte verkaufte Stuck, vorhin nie-
manb Jngefatzt vnnb verpfändt fyenn Rächt wären zu find,
vnnb Jnenn barumb gutt ficher volkomen wärfchafft ze
tunb, vnnb zu tragen, alles Jn bes genamptenn Spittals koften vnnb an bes köuffers vnnb Siner erben
Schabenn, alle Gefärb vnnb argenlift, fo hiewiber fin
möchten, gantz vßgefloffenn vnnb hin bann gefatzt, Ge-

zúgenn, vnnd warenn hieby die erbern Bürcke Pfister ab dem Bül, Hanns Finis vnnd ander guug, Vnnd des alles zu noch merer Sicherheit, So hab ich obgenampter Hanns Krouchtaller, min eygenn Jnsigel offenlich an bisern brieff lassenn hänckenn, Beschächen vff dem Pfingstzinstag Jn dem Jar, als man zalt nach Christus vnnsers Herrenn geburt, Tusendt fünffhundert vnnd Sibenzächenn Jar,

(Am doppelten Pergamentstreifen hängt an der per-gamentenen Urkunde das Siegel Hans Krauchthalers.)

II.
Widerbrief vom 8. Oktober 1538.

Ich Petter Kärnen, seßhaftig zu Röutigen, vergich offentlich mit diesem Brieff, daß ich zu einem rechten fryen Manlehen empfangen hab von dem eblen vesten Herrn Hansen von Erlach alt Schultheis ze Bern und Herr zu Spieß minem gnädigen Herrn namlichen, zwölffthalber Kuh Berg an Jnderstocken mit aller Rechtsami und Zu-gehörd, Jn sämlichen Worten, daß ich minem Herrn von Erlach einen Eid gethan hab, Jhme mit dem Lehen ob-gemelt gehorsam und gewärtig zu sin und alles das ze thund, das ein Lechenmann sinem Lechenherrn ze thun schuldig ist, auch uff Manntagen ze kommen, wenne ich darum gemandt wird, das Lechen obgemelt auch in Eeren zu halten und nit ze verendern, an wüssen mines obge-nanten Lechenherrn, ob ich auch theinist Lechen vernäm oder wüßte so vom Hus Spieß Lechen wäre, das sich wellte verligen oder sunst verschwigen werden, das für-zetragen und nit zu verschwigen bi dem obgemelten minem

Eide; Ane alle Geverd, In Kraft dieß Brieffs des zu Warrheit durch miner Pitt willen versiglet ist mit des ersamen, wysen, Heinrich Flogerzin, der zit des Landes Benner eigne hier angehenkte Insigel, doch ime und sinen Erben unschädlich; Beschähen uff den achten Tag Octobris als man zalt von der Geburt Christi fünfzehnhundert drißig und acht Jahr.

H. Bletz Notar
(mit Handzeichen).

Das Siegel hängt und ist ziemlich unbeschädiget. Urkunde auf Pergament.

III.

Abschrift.

Ich Christenn Bäler, gesessen zu Wattenwyl, beckenn offenlich mitt disem Brieff daß Ich fry Willens unbezwungen durch niemand hintergangen sonders einer fryen Gab und Schenke vergabet und geschenkt han für mich und mine Erben dem ersamen Niklaus Kernen gesessen uff dem Berg und sinen Erben Namlich min Gericht uff dem Berg ob Uetendorff mit Twing und Bann mit den sechs nachgeschribnen Herbstätten Treyers Hus und min Hus auch gemeldts Kernen Hus Rudi Hofsketters Peter Kipfers und Mathis Vor dem Holz Hüser samt und sunders mit allem dem Recht Fryheit und Zugehörden wie die Herrschafft von Kaspar Khernen minem Schwächer seligen an mich ist khomen als fryes Eigen. Dar um

und dargegen mir der genant Niklaus Kherno fry Wil-
lens vergabet und geschenkt hatt fünffzig Pfund läuflicher
Bern Wärung und ein Rind für zwo Kronen. Sämlicher
Summ mich gemelter Niklaus Kerno also bar vergolten
und bezalt hatt Inmassen ich ine und sin Erben für mich
und min Erben ganz fry, quitt ledig und los sagen.
Hirumb so entziehen ich mich und min Erben gemelter
Herrschaft uff dem Berg, bewaren und übergiben die mit
Twing und Bann mit Gricht, mit den sechs Hofstatten
mit allen Gerechtigkeiten, Fryheiten und Zubehörden wie
Sämlichs an mich khomen ist in Hand und Gewalt des
Khöuffers und siner Erben Sämlichs hinfüro in rechter
redlicher Gewerbe inhaben beherrschen besitzen, besetzen
entsetzen, verkhouffen und als mit sinem fryen eygnen
Gutt darmitt ze thun und zu handlen ane männlichs Ver-
hindern. Darumb ich ime auch geloben für mich und
min Erben gut sicher Wärschafft zu leysten vor allen
Grichten und Rechten gegen mänklichen es recht ist. Dann
ich mich und min Erben gemeltes Gerichts Twinges und
Bannes so ich uff dem Berg an der Herrschafft gehabt
han, auch aller Fryheiten, Gnaden der Herren Stetten,
Bürgen und Landen, aller Uszügen, Funden, Listen, Ge-
farben, so jetz oder hienach wider diesen Handel fürge-
zogen möcht werden gänzlich entzigen und begeben haben
lutter in Krafft diß Briefs der des zu Bestand um miner
emsigen Bitt willen mit des erfamen Hans Küngen, Ben-
ners des Raths zu Thun eygnen Insigel im und sinen
Erben one Schaden ist verwarbt worden. Zügen sind
die erfamen Hanns Andres und Felix Andres Burgere
zu Thun. Beschächen des Zächenden Tags Merzen von

Christus unseres Heilands Geburt zahlt fünffzächen hun-
bert und vierzig Jar.

Vt. Oswald st st.

Rundes Stegel von Hans Küng in grünem Wachs,
auf der rechten Seite beschädigt.

———————

Vorstehende auf Pergament geschriebene Original-
Urkunde befindet sich auf dem Bernerischen Staats-Archiv
(bezeichnet mit Nr. 2) und ist mir von Herrn Staats-
Archivar v. Stürler gefälligst zur Einsicht und Abschrift-
nahme mitzetheilt worden.

Falkenegg bei Bern, den 28. August 1863.

Abraham Jakob Kernen.

CPSIA information can be obtained
at www.ICGtesting.com
Printed in the USA
BVHW011036261020
591817BV00011B/476